www.ingramcontent.com/pod-product-compliance
Lightning Source LLC
LaVergne TN
LVHW060135080526
838202LV00050B/4119